MON PREMIER NOËL

Cher Père Noël,

Comme tu le sais, c'est mon premier Noël
dans ce monde. Je sais que tes petits lutins
t'ont prévenu de ma naissance.
Il paraît que Noël est magique...
Alors avec l'aide de mon papa et de ma
maman je vais t'écrire ma toute première
lettre et garder ici tous les souvenirs de
mon tout premier Noël.

Je m'appelle:

ma date de naissance: